조용히 익어가는 세월

조용히 묻어가는 세월

심 상 필 제2시집

들어가는 말

첫 시집을 내고
어언 일 년이란 세월이 지난 지금,
산길 들길을 걷다가,
숲속 강가를 산책하다가
함께 살아가고 있는 소중한 사람들 속에서
문득문득 떠오르는 상념의 조각들을 엮어서
틈틈이 써온 나의 마음의 일기 같은 65편의 시

솔직히
제한된 언어와 나의 익숙치 않은
기타 반주 솜씨만큼이나
순진한 노래 65편을 제2시집으로
펴내는 심정은 좀 희열과 떨림이 교차한다

그러나
어떻게든 내 생각 감정 느낌을
시로써 표현하고 싶은 욕망으로 용기를 냈다

'**조용히 익어가는 세월**'처럼,
그렇게 나도 세월 따라
익어가리란 굳은 믿음으로
대자연과 사람을 사랑하는 마음을 안고
오늘도 시를 쓴다.

2025년 5월 11일
시인 **炫岩** 심 상 필

차 례

시인의 들어가는 말/ 4

제1부 봄 길을 걷다/ 11

세월/ 13
봄 길을 걷다/ 14
인동의 겨울/ 16
현충일에/ 18
그믐달을 바라보며/ 20
유월의 5友/ 22
7월의 산딸나무/ 24
입춘의 복수초/ 26
무너진 돌탑/ 28
입춘의 한강 회상/ 30
봄눈/ 32
민들레 홀씨에게/ 34
찔레꽃/ 35

제2부 **시인의 소망**/ 37

새순을 보면서/ 39
古木/ 40
시인의 소망/ 42
동해바다/ 44
눈물/ 46
목련꽃/ 48
풀꽃과의 대화(1)/ 50
꿈속의 원두막/ 52
배풍등(排風藤)/ 54
아내의 향기/ 56
내 곁에는/ 57
풀꽃과의 대화(2)/ 58
풀꽃과의 대화(3)/ 60

제3부 찻잔 속의 그리움/ 63

가을 감회/ 65
내 마음 아직도 거기에/ 66
아차산의 샛별을 바라보며/ 68
어느 시인 이야기/ 70
느낌까지 끌어안은 시화전/ 72
찻잔 속의 그리움/ 74
성탄 기도/ 76
억새와 갈대/ 78
送年/ 80
선택의 순간들/ 82
막걸리의 멋/ 84
가을은 축복/ 86
창에 비친 보름달/ 87

제4부 **행복이란**/ 89

겨울 산수유/ 91
보고 싶다 친구야/ 92
빗속의 그리움/ 94
술에 취하고 싶은 날들/ 95
행복이란/ 96
시를 쓴다는 것/ 97
대들보/ 98
이층집/ 100
가을사랑/ 102
낙엽 밟는 소리/ 104
이화주 향기/ 106
닮음꼴/ 108
가을/ 109
국민을 위하여/ 110

제5부 고장도 없는 세월/ 113

항구/ 115
눈사람/ 116
숙명적인 인생/ 118
고장도 없는 세월/ 120
봄을 기다리며/ 122
첫눈 약속/ 124
내 고향/ 126
남한강/ 128
놀라운 자연/ 129
카네이션과 아내/ 130
설국열차/ 131
송절주/ 132

에필로그/ 134

제1부 봄 길을 걷다

세월

봄 길을 걷다

인동의 겨울

현충일에

그믐달을 바라보며

유월의 5友

7월의 산딸나무

입춘의 복수초

무너진 돌탑

입춘의 한강 회상

봄눈

민들레 홀씨에게

찔레꽃

세월

어릴 적 그렇게도 더디던 너
나이 드니 쏜살처럼 가는구나

저기 바다가 부른다

동무들 함께 뛰놀던 강이 좋아
가기 싫다 떼써보지만
너 이길 장사 있으랴

나 그저 세월 낚는 강태공

봄 길을 걷다

한강 둔치 버들 숲 연둣빛 차오르고
훈훈한 봄바람 콧등을 간지른다

내딛는 발걸음 가볍고 여유로워
내 마음은 봄바람 난 처녀처럼 사뿐사뿐
뒷짐 지고 천천히 떠 가다 보니
노오란 개나리 덤불이 활짝 웃는다

몇 걸음 걸으면 작은별 밭
봄까치꽃 마을 펼쳐지고
그 옆 흰 냉이꽃 무리 메밀꽃인 양 눈부신데
늘어선 벚꽃 꽃망울 틔우고 유혹하니
봄 처녀도 춤추며 내게로 다가온다

꿈인지 생시인지 꼬집어 보며
봄 향기에 흠뻑 취해
꿈결 같은 봄 길
뚜벅뚜벅 다시 걷는다

인동의 겨울

입춘 지난 지 오래고
우수도 지나니
한강 물은 풀렸건만
북풍에 밀려오는
코를 벼 가는 듯한 추위는 떠날 생각 않는다

가랑잎 떨쳐내고 조용히 잠자던 겨울나무는
봄의 단꿈 생각조차 할 겨를없이
찬바람 눈보라에 휘이잉 휘이잉 처절한 울음을 운다

이 매정하고 지루한 겨울 굴레 언제까지…

그래도 낼 모래면 삼월!

길고 힘겨운 겨울 속 상처 입은 겨울나무는
한 가닥 햇빛을 머금고 생명의 기지개를 켜
봄의 새 눈 틔울 준비하는 소리 들려온다

현충일에

꽃 없는 산골짜기에서
암흑 같은 바다 백두산함에서
바람 없는 하늘에서
구국의 염원 하나로

고독하게,
그러나 장렬히
한 목숨 불사른
호국 영령들이시여

그 희생 애국정신 잊지 않고
무궁화로 피워 내

영원히 겨레의 가슴속에
뜨겁게.
편히 잠드소서!

그믐달을 바라보며

새벽 동녘 하늘 그믐달
슬그머니 사라져 간다

초승달로 보름달로
뜨거운 사랑 한몸에 받고도
그 큰 은혜 깨닫지 못하고

고집 피우며 시기 원망 질투로 얼룩진
태산 같은 짐을 진채로 도망치려 한다

점점 더해가는 죄짐의 무게로
태양이 잡아 주고 있는 그 끈
언제 놓을지도 모르는데…

한숨 뒤
그믐달 사라진 동녘 하늘

장엄하고 눈부신 빛과 함께
모든 별들의 주 태양이 떠 오른다

詩作노트/ 새벽 창밖으로 그믐달을 바라보다가 문득 미국 문학 초기작품으로 만났던 JONATHAN EDWARDS(1703-1753) 목사님의 설교문 "Sinners in the hands of angry God"의 내용이 생각나서 적어본 것임.

유월의 5友

새벽 산책길
암사동 생태공원 길을 걷는다

지나간 봄 조팝나무가 남기고 간 분홍의 꼬리조팝
보라색 열매 맺을 준비를 하고 있는 좀작살나무
변함없이 그 자리에 숲을 이루고 있는 큰낭아초
탐스런 황금꽃 쉬땅나무
하얀 벌집을 모자로 둘러쓴 벌사상자까지
조용한 산책길 나를 반긴다

벌사상자 투구를 보며 문득 스치는 생각
비목 위에 씌워진 녹슨 철모

유월이 다 가고 있다
5友는 변함없이 때 되면 찾아오는데
유월의 님들은 소식이 없다

며칠 후 유월이 가고 나면
기억 속에서 또 사라지고 가슴속에만 남겠지…

5월의 장미가 남기고 간
빛나는 하얀 장미꽃
한 아름을
님의 무덤에 바친다
불타는 붉은 장미와 함께

7월의 산딸나무

좋은 시절 5월
화사했던 꽃잎 다 지우고
6월에 결실 이룬
부지런한 친구들 틈에
오직 한 녀석 너만,

이 장마철
은은한 백색 꽃잎을 이고
꽃잎 가운데 초록 열매 시늉을 한 채
외로이 서 있구나

자세히 들여다보니
미소를 짓는다

'나 외롭지 않다'고
춘하추동 겪어 온
삶의 경험, 쌓인 사연
자작 노래 부르면서…

너도 나와 같이
'조용히 익어 가는 세월' 낚는
강태공이렸다!

입춘의 복수초

잔설 덮여 있는 산기슭 따사로운 양지

가랑잎 사이로 살포시 고개 내밀고 있는
너는 귀여운 햇 병아리

엄동설한 견디느라 다리는 빨갛게 멍들고
영원한 행복 안겨주는 너는,
슬픈 추억 기억하며
말없이 앉아 있구나

봄소식에 애타는 인간들
한 풀어 주려는 듯
폭풍 한설 강추위 속에서도
제일 먼저 달려 나오니

그 어느 봄꽃
너와 견주랴

*복수초의 꽃말: 영원한 행복, 슬픈 추억

무너진 돌탑

생태공원 숲 산책길
정성 들인 돌탑 하나 우뚝 섰다
제법 첨성대처럼 조화롭게 모양을 갖추고
공들인 흔적이 온전히 그 모습에 흐른다

언제부터인가
한 노인이 돌들을 하나둘 주워 모아
탑을 쌓아 올리더니
해가 두어 번 바뀌어
어느새 명물 탑이 완성되었다.

숲길을 걷는 사람들 오가며 감탄하고
탑돌이 하는 사람들은 반질반질 둥근 길을 내놓았다

가끔 떨어져 내린 돌들을 집어 올려
몇 년을 돌보며 공들이던 그 탑
어느 날인가 와르르 무너져
아름답던 탑의 모습 간데없고
늘 탑을 어루만지며 돌보던 그 손길도 보이지 않아
이젠 아무도 손보지 않는 무너진 돌탑

그렇게 많은 시간 공들여 쌓았건만
공들여 쌓던 그 손길 보이지 않고
탑마저 무너져 뒹구는 모습을 보니
마음은 무거운 한숨을 쉰다

그 손 어디 가고
탑에 쏟은 지극정성 어디로…
순리대로 자연으로 돌아갔어도
그 정성 공들인 마음만은
여기 남아 있으면 좋으련만.

입춘의 한강 회상

입춘에 강추위
잔뜩 움추린 마음 달래려
매서운 찬 손으로 말끔히 씻긴
한강을 바라본다

추워도 입춘!
맑고 높은 하늘, 밝은 태양의 빛
잠자는 회색 숲을 깨우는 듯
생명의 속삭임 들려오고
연녹색의 향연이 꿈틀거린다

강물 위를 흐르는
쇠오리들의 이야기 소리 들으며
조용히 눈감고
지난봄 행복했던 순간을 그려본다

그 숲속 나무 벤치,
기타 반주에 맞춘 흥겨운 노래 합창이
봄 향기와 함께 아련한 추억으로
잔잔히 되살아난다.

봄눈

봄눈은 따뜻하다
찬 바람도 훈훈한 바람으로

봄눈은 귀하다
한 해가 지나야 다시 볼 수 있으니

봄눈은 습설
부드럽고 촉촉해
마른나무 가지에 생명수를…

추운 겨울 이별의 손짓인가
대자연의 숨결 꿈틀거리는
희망의 속삭임인가
아쉬움 남겨둔 채.

포근하고 뽀얀 너의 살결
더 느끼고 싶어

봄눈 덮인 강가를
차갑고 훈훈한 봄바람 맞으며
꿈길처럼 걸어본다.

민들레 홀씨에게

하얀 구름에 안겨 바람결에 흩날려
이리저리 날아 다니다가
돌부리에 부딪혀 상처가 나도
지난 세월,
매정함에 흘렸던 뼈저린 눈물일랑 가슴에 묻고
봄바람에 맡긴 채 떠돌다가
양지바른 언덕에 조용히 내려 앉아
외롭고 침울했던 아픈 기억일랑
거기다 깊이 묻어 두고
편히 쉬거라

수고했다, 고생했다, 나도 아프다
새봄 오면 다시 예쁘게 피어나거라

찔레꽃

찔레꽃 그윽한 향기는
*이화주 옛 향을 부르고

향기에 취한 나그네

고향 산천 수묵화
가슴속 화폭에 그린다

*이화주: 고려시대 술로 조선시대(가양주문화) 번창하였으나 일제 강점기 말살됐던 우리 술 중의 하나로 배꽃 필 때 담가 먹던 술이라 이화주라 하는데 2008년도에 국순당 '우리 술 복원 프로젝트'에 따라 수운잡방(1500년대 초) 등 고문헌에 의거 두 번째로 복원되었음.

제2부 시인의 소망

새순을 보면서
古木
시인의 소망
동해바다
눈물
목련꽃
풀꽃과의 대화(1)
꿈속의 원두막
배풍등(排風藤)
아내의 향기
내 곁에는
풀꽃과의 대화(2)
풀꽃과의 대화(3)

새순을 보면서

비바람에 꺾이고
사람 손에 잘려 죽어가는 나무에
새순이 선명하다

죽은 어미의 회색빛 속 연녹색의 반짝임
희생 가운데 생명과 희망이 숨 쉰다

햇빛에 반짝이는 새순은
볼수록 신비스럽고
이보다 더 고귀하고 아름다울 수 있을까

백발노인의 심장도 뛴다
강인한 생명력의 의지는
어디에서 오는 걸까

古木

수천 년 역사를 지닌 채
스러져 말라 죽은 고목 한 그루

내가 마음의 눈을 감고 있었다면
그냥 그렇게 힘없이 늙어 죽을 나무

그 고목엔
새순이 자라나고 있다

왕성했던 생명력과 찬란했던 빛
사랑과 희망이 되살아나고 있었다

한 몸 다 바쳐
새순을 키우는 열정은
하늘에 닿는다

열정과 사랑과 희망이 있는 한
고목은 결코, 죽지 않는다

죽어도 죽지 않고
영혼이 살아 숨쉬는 고목
나의 큰 스승이다

시인의 소망

다 태우고 하얀 재가 될 때까지
불 같은 열정으로 육체를 불사르고
넘치는 에너지로 영혼을 깨운다

하늘, 바다, 강, 바람
새들과 풀잎
나무와 꽃들
그리고 사람들

온갖 생명이 살아 숨 쉬는 대자연 속에서
영혼은 상상의 나래를 펴고 훨훨 난다

흘러가는 구름 사이 햇쌀을 먹고
몰아치는 파도는 가슴에 안고
신비로운 대자연 속에서
주옥 같은 노래를 찾는다

나 그래,
그 노래 부르는
시인이고 싶다

동해바다

속 깊고 마음 넓은 너 동해야!
반가운 마음에 네 모래사장 마당에서
덩실덩실 춤이라도 추고 싶구나

그 옛날 네가 성내며 파도칠 땐
그토록 미웠던 시간도 있었지만
너는 내 청춘을 함께 한 소중한 동반자였다

태풍 폭풍 우박 비바람 흔들어대도
너는 변함없이 옛 모습 그대로 그 자리에서
날 맞아주는구나!

세월 지나 그리운 벗 대하니
더없이 반갑고 가슴 후련하면서도
마음속 뜨겁게 스며드는 눈물은
너와 맺은 언약, 함께 쌓았던
추억이 소중해서이리라

지는 해 잡을 수 없어 돌아서야 하는 아쉬움
너의 숨결 온몸으로 끌어안고 심호흡을 남긴다
잘 있거라 동해바다야
다시 찾아오마

*2024.8.29 대지문학회 강릉해변시인학교 송정해변에서

눈물

눈물도 물이니 H_2O?
짠맛이니 $NaCl$을 더할까
화학방정식도 무척 복잡할까

눈물 분자를 분석해 본다
사랑, 이별, 때로는 체념
기쁨과 슬픔, 감격, 순수, 회상 그리고 참회
따스함에 차가움까지

나의 마음 밭을
깨끗이 정화 시켜 주고
인간답게 재탄생 시키는 중요 분자들이다

사막처럼 황폐해 가는 사람들의 마음 밭엔
눈물이 점점 메말라 가고 있다
나도 그렇다

안타까움에
눈물이 난다

목련꽃

순백색 자태가 눈부신 너 사월의 여인
고귀하고 숭고한 계절의 여왕

아름다움 속
감출 수 없는 슬픈 노래는
작은 잎으로 살짝 덮어 보지만
전해오는 텔레파시는 서글픔

가여워
끌어안고 눈 감으니

애잔한 속삭임
봄바람에 실려와
내 가슴으로 숨는다
'이루어질 수 없는 사랑'

*백목련의 아름다운 자태와, 꽃말 '고귀하고 숭고함'
그리고 '이루지 못한 사랑'을 생각하며…

풀꽃과의 대화(1)

풀 섶 길가에 다소곳이 앉아서
노인네 눈에는 띄지도 않을 만큼 작은 자색 꽃
초록색 잎사귀 위로 내밀고 손짓하는 쥐꼬리망초
시늉만 한 작은 꽃이 가련하고 애처로워
쥐꼬리망초?

새벽부터 나와 앉아서
'너를 지켜줄 늠름한 배우자'를 찾고 있다고!?

자세히 들여다보니 너의 작은 얼굴
이목구비 또렷한 너의 초록 잎 자태가
소박하고 귀엽고 이렇게 예쁠 수가 없구나

날 받아 줄래?
받아만 준다면
내 기꺼이 너를 지켜 주는
영원한 동반자 되어 줄게

상쾌한 아침
진한 감동으로 너를 안는다

꿈속의 원두막

남한강변 드넓은 벌판에 그림 같은 원두막
아버지는 잘 익어 샛노란 향내 나는 참외를
낫으로 쓱쓱 깎으시더니
내 입에 물려 주신다

단맛 향기에 취해
정신없이 참외 하나 다 먹고 나니 배가 부르다

아버지는 어느새 주낙 바늘에
지렁이 미끼를 다 끼우고 나서
해 질 녘 내 손을 꼭 잡고 강가로 나가
300개나 넘는 주낙
낚싯줄을 중간중간 봉돌 달아
상류에서 하류로 늘어놓고 계신다
나는 옆에서 길죽하고
반들반들한 강돌을 주워 아버지께 드린다

'내일 새벽에 나와
물고기와 자라 달린 낚시를 건지러 오자!?'
'네에'

야속한 알람 소리에 눈을 뜨니,
아, 꿈이구나!
아쉬운 마음 가누지 못 해
어린 시절 추억 속 남한강변
원두막으로 한참을 달려갔다

그리운 아버지와의 잊지 못할 옛 추억

배풍등(排風藤)

사철나무 울타리를 뒤덮은 덩굴에
하얀 꽃 푸른 열매 붉은 열매
어린애처럼 넋을 잃고 유혹에 빠져든다

긴 꽃자루에 반짝이는 붉은 진주는
갓 스무 살 처녀의 입술인가
금방이라도 입맞춤하고 싶은데…

앞장서 홀려버린 직박구리는
목에 피를 토하며 울부짖는다
장미에도 가시가 있듯
붉은 입술엔 유혹의 독이…

이름처럼 바람을 막아주는
묘약 또한 품고 있으니
병 주고 약 주고
너 같은 여인을 어찌해야 할까

*참을 수 없어
예쁘고 사랑스런 여인 배풍등
나도 모르게
사랑에 빠져든다

*참을 수 없어 : 배풍등의 꽃말

아내의 향기

밤하늘 둥근달은 환한 빛 쏟아 내리고
봄꽃 아름다운 향기는
나를 춘몽으로 이끈다

세상 거친 파도 궂은날 몰려와도
잡은 손 놓지 않고 꼭 잡아 준
당신의 향기는
견줄 데 없는 사랑

봄꽃 춘몽에 빠져봐도
선명하게 피어나는

당신의 향기는
가없는 사랑!

내 곁에는

눈물마저 메말라버린 각박한 세상
나 좋다고 노래부르던 사람들 다 떠나고

고독과 고뇌와 슬픔속 가슴이 메어올 때
하얀 서리마저 머리 위에 내리니

이제야 철이 드는가보다

小確幸을 되뇌며 눈 감고 생각하니
내 곁에는 좋은 사람들로 가득하다

사랑하는 마음으로 기도하는 마음으로
이젠 내가 그들에게
소금이 되리라

풀꽃과의 대화(2)

잠자리 머리를 닮았구나
너 달개비

엷은 보라색 작은
네 얼굴이 너무 귀엽고 예뻐
'감사합니다' 귀여운 미소로 답한다

너의 마디 마디엔 무슨 비밀이 있니?
천천히 다음에 꼭 들려주겠다고!?
그래
그러면 그러렴…

풀꽃과의 대화(3)

숲속 길가 나무 그늘 축축한 곳
떼 지어 뭉쳐 있는
우산 모양 잎만 보이는 풀

네 이름이 뭐니
병풀!?

귀염이는 줄기도 나무도 없이 어찌
잎만 있지?

아니야 나는
짧고 긴 줄기로 연결되어 있고
마디마디에 쌍둥이로 잎이 있어
잎자루도 길다고!
그리고 사랑의 하트 모양이야,
보라고!

살포시 손 내밀고
살펴보니 정말 그렇구나
다정하게 손잡고 소풍 가는 길이구나.
미안해!
이렇게 예쁜 사랑이를 내가 몰라봐서…

용서해 줘
공부 더 많이 할게
손가락 걸고 약속!

귀염둥이 병풀
미소 지으며 고개를 끄덕인다.

제3부 찻잔 속의 그리움

가을 감회
내 마음 아직도 거기에
아차산의 샛별을 바라보며
어느 시인 이야기
느낌까지 끌어안은 시화전
찻잔 속의 그리움
성탄 기도
억새와 갈대
送年
선택의 순간들
막걸리의 멋
가을은 축복
창에 비친 보름달

가을 감회

봄에는 등 따십고
아지랑이 어지러워
잊었던 사랑

여름엔 천둥 번개 폭풍우 속
허우적거리느라
생각조차 할 수 없었던 노래

풍성하고 넉넉하여 여유로워진 가을에
잠자는 자연과 모든 생명을
온 열정을 다해 사랑하고
목청껏 노래 부르리.

내 마음 아직도 거기에

새벽에 눈을 떴는데 마음은 깨지 않고
미련 품은 이 마음
'느낌까지 끌어안은 시화전'으로 향한다

67인 명시인 134편의 노래가 한자리에 둘러앉아
이야기하며 합창하던 곳

하늘보다 높고 바다보다 더 깊고
넓은 사랑이 흐르고
대자연에 대한 찬양이 울려 퍼졌다

상상의 나래를 펴고
우주를 유영하며
삶의 희로애락을 그려 놓았던 곳

그곳엔 시인들의
사랑과 우정이 넘쳐흘렀다

한가을 축제는 끝났는데
미련인지 애착인지
내 마음은 아직도 거기에…

이젠 미련도 애착도 훌훌 털어버리고
또 다른 시제를 찾아 떠나야겠다

*2024.11.8.일부터 22일까지 국회의원회관 1층에서 열린 대지문학회 주관 '느낌까지 끌어안은 시화전2'를 생각하며…

아차산의 샛별을 바라보며

새벽녘 서쪽 하늘
아차산 위에 크게 빛나는 별 하나
내 마음을 끌어 흔든다

광나루에 닻을 내렸던
아차산호는 역사로만 남았어도
고구려 장수들의 함성과 기백
임전무퇴의 기상을 전해주고

'지금, 이 영토 지켜낼 고구려 장수들은 있는건가'
걱정스런 얼굴로 서서히 사라진다

그러나 걱정마라 너 샛별아
내일 또 보자

아차산호의 역사는
살아 숨 쉬고
고구려의 기상은
우리 핏줄에 녹아내려

끊임없는 한강수와 함께 유유히 흐른다

어느 시인 이야기

독감에 후들리고
생명이 위협받는 사고를 겪고
세상 평지풍파에 시달려
전쟁 같은 아수라장 삶 속에서
목숨 하나 부지함이 천운

그래도 꿋꿋이 버티고 일어나

만개한 산수유, 연분홍 진달래
홍매화 백목련 만발한
봄을 맞는다

아직도 옛 모습 그대로는 아니지만
5월 오면,
활짝 핀 빨간 장미로
피어나리라

그대여
언제나 건강이 먼저이고
언제나 건강이 최고이고
언제나 조심조심 잘 관리 하시고

늘 좋은 글 보여 주소서.

詩作노트/ 고난과 역경속에서도 삶을 시로 승화시키며 아름다운 삶을 살아가는 시인의 이야기를 읽고 기도하는 마음으로…

느낌까지 끌어안은 시화전

노란 은행잎 단풍 붉은 낙엽과 함께
국회 앞마당에 쌓인다

나는 붓을 들어 두편의 수채화를 그려본다
'가을' 그리고 '빗속의 그리움'

67인의 시인들 함께
노래하고 화폭을 채웠다

깊어 가는 가을 낙엽방석 깔고 앉아서
그림과 노래들의 제목을 떠 올려 본다

하늘 땅 바다, 해와 달 그리고 나무와 꽃
봄 여름 가을 겨울 사계절
길과 호수, 맛난 음식
사랑과 이별, 기쁨과 슬픔 그리고 상처

삶의 희로애락이 반죽이 되어
사람들 가슴 채워주는 5일장

'느낌까지 끌어안은' 잔치는
그렇게 그림과 노래를 가득 남긴 채 저물어 가고

시인은 또 다른 노래와 그림을 찾아
괴나리봇짐에 붓 하나 만년필 하나 챙겨 넣고
방랑의 길을 떠난다

찻잔 속의 그리움

지구를 일곱 바퀴 돌아
이제야 찻잔을 앞에 놓고 마주 앉았다

찻잔 속을 들여다보고 얼굴 한번 바라보고
차 한 모금 마시고 또 쳐다보고
할 말은 가슴에 쌓였는데…

흰머리와
이마에 그려진 인생 훈장 음미하며
청춘의 타오르던 열정 잠재운 채
조용히 미소 짓는다

마음으로 주고받는 대화 속
그 시절 순수하고 뜨거웠던 사랑이
애절하게 되살아난다

그때 그 시절 불타던 사랑보다
더 진한 그리움으로

성탄 기도

은혜와 축복이 온세상에 내리는 날
무릎 꿇고 두손 모아 간절히 기도합니다

아픈 몸과 마음 치유케 하시고

시기 질투 멀리하여 주시고
사랑과 감사만 넘치게 하여 주소서

굶주린 사람에겐 양식을
화평한 가운데 사랑으로 감싸게 하여 주소서

민족의 숙원인 통일 이루게 하여 주시고
이해와 배려가 부족한 이들에겐 지혜를 허락하시고
들끓고 불안정한 대한민국 현실 안정을
속히 이루게 하여 주소서

사랑하는 사람들이 맘
다치지 않게 하시고
이 땅에 화평을 내려 주소서

마지막 한 가지
간절히 바라는 것은
나의 제2의 인생에 길잡이 되어주신 고목에
새순이 항상 자랄 수 있도록 영육간에 강건함을
허락하여 주시옵소서

은종이 온 세상에
울려 퍼지는 성탄절에
기도드립니다.

억새와 갈대

한강 둔치 생태공원 푸른 초원
계절따라 하얀 숲으로 변해
억새와 갈대가 어우러져 바람과 함께 춤춘다

석양에 비친 은백색 숲엔 개개비 노래소리
신비스러운 장관
내 마음도 평화로워

누가 갈대냐 내가 갈대지
네가 억새냐 내가 억새지

다툼 없는 그 모습에
잠시 상념에 잠겨 본다

억새면 어떻고
갈대면 어때

이렇게 아름답고 조화로워,
사랑과 평온이 흐르는데
그 모습 한없이 부럽다

送年

동해바다 세찬 파도와 함께
날아왔던 푸른 용

천둥 번개 폭풍우로
온 세상을 혼돈 속에 몰아넣더니

아파하는
나와 나의 벗들을 폐허 속에 남겨둔 채,

유랑하는 나그네처럼
평온하고 잔잔한 서해바다 속으로 사라져간다
미움도 역경도 격랑도 한 보따리에 싸 짊어지고.

쓸쓸한 뒷모습이 그래도 마음 쓰여
빚 갚고 가란 말도 하지 못하고
마음 한켠 허전함과 아쉬움으로
손을 흔든다

새로 뜨는 해엔
뱀처럼 슬기롭고
이 땅에,
평화와 사랑 행복이
넘치기를 소망하면서…

*국내외적으로 다사다난했던 갑진년 청룡의 해를 보내며.

선택의 순간들

삶의 여정에서
끊임없이 일어나는 선택의 순간들

불평의 길 아니면 감사하는 마음
부정과 긍정
절망과 희망
미움과 사랑
순간순간마다 우리는
스스로 선택의 길을 가지만

역경에 처했을 때
나는 어떤 선택을 할까

'나 외롭지 않아, 힘들지 않아,
다시 일어설 수 있어'
이 길을 선택하겠다

막걸리의 멋

들일로 출출해진
농부의 허기 달래고
괴나리봇짐 둘러메고
떠난 긴 여행길 주막에서
뒷골목 선술집에 마주 앉은 오랜 친구와
기울이는 막걸리의 맛!

은은한 달빛 아래
운율을 안주 삼아 마시는
이태백이의 막걸리 한잔도 멋있지만,

푸른 잔디 날 듯
함께 걷고 땀 흘리는 골프 중
그늘집 둘러앉아
새끼손가락으로 휘휘 저어
동반자와 함께하는
막걸리의 맛과 멋은
가히
무릉도원의 황홀경이 아니던가!

가을은 축복

마음의 화선지 황금 들판 그려놓고
파란 하늘 따가운 햇볕
온갖 생명 결실의 축복

풀벌레 소리 오선지 위에 춤추고
저녁달과 별은
가을바람 잠든 조용한 하늘에서
사랑을 속삭인다

내 가슴도 부풀어 두근두근
넉넉한 웃음, 행복 가득

하늘에서 한아름 축복이
선물처럼 내린다

창에 비친 보름달

대낮같이 밝은 달빛
창으로 쏟아져 들어온다
소나타를 한 아름 안고서

내 마음속엔
이태백이 노래하고
술잔을 맞대본다

부딪히는 잔소리는 월광곡이던가
그리움 가득해지는 내 마음

저 달 속에 나의 마음 담아본다

제4부 행복이란

겨울 산수유
보고 싶다 친구야
빗속의 그리움
술에 취하고 싶은 날들
행복이란
시를 쓴다는 것
대들보
이층집
가을사랑
낙엽 밟는 소리
이화주 향기
닮음꼴
가을
국민을 위하여

겨울 산수유

한겨울 눈 이고 있는 빨간 열매 무리
불타는 입술로
잠자는 내 마음을 유혹해

흰 눈 속에 더욱 빨개 보이는
설레는 아름다움에
새들도 앉아서 바라만 보고

나도 모르게 흥얼흥얼
노래가 절로 난다

보고 싶다 친구야

사월이 오면 슬픈 목련도
어김없이 활짝 웃으며 찾아온다
화사한 너의 자태 속
감추어진 슬픔은 나의 마음이던가
지난겨울 추위만큼 혹독하고 아프다

이억만 리 타국땅에서
말 한마디 없이 떠난 친구야
그때가 벌써 여러 해 전 사월
추모 사진전으로 마음 달래보려 해도
가시지 않는 아픈 그리움

해군 동지로 피 끓는 우애와,
신념과 긍지로 함께했던 지난 날
여기 *해룡회 전우들 다 그대로인데,
야속한 마음에 미운 탓해보지만
깊어만 가는 그리움의 골

그립다 친구야
보고 싶다 친구야
허공을 향해 목청껏 불러보아도
대답 없는 친구야

목련 꽃잎 떨어지는 사월이면
이렇게 그리움에 눈시울 적신다
내년에도 사월이면 목련은 다시 피겠지만
언젠가 내 들숨 날숨 멎는 날 천상에서 만나
부둥켜안고 못다 한, 한 풀어보자구나

만나는 그날까지
잘 있거라, 친구야!

*해룡회: 용산고 해군 해병 장교 출신 모임(1960년 진해에서 발족함).

빗속의 그리움

흠뻑 젖어도 포근한 그대의 품속
푹 빠져들어 행복했던 그대의 향기

나는 조용히 눈 감고
쏟아지는 빗소리 듣는다

그대 가슴으로 세차게 달려가는 빗방울 되어
핑크빛 세레나데 부르는 마음

비 오는 날
가슴 시리도록
그리운 인연

술에 취하고 싶은 날들

세상이 온통 혼돈 속에 잠겨
헤어날 기미가 안 보인다

정신줄을 어디에 두어야할지
앞은 보이지 않고

술 취해 주정부리면 제 정신 돌아올까
술에라도 푹 취하고 싶다

행복이란

높고 파아란 하늘
만물이 살아 숨쉬는 대지
나와 동행하는 많은 사람들

그 속에 행복 가득 있거늘
구름 낀 눈으로 못 보고 살아간다

마음의 눈 크게 뜨고
오늘 지금 여기서 행복을 찾자

시를 쓴다는 것

마음이 호수처럼 평온하고
가슴이 불덩이처럼 뜨거워질 때
작은 풀꽃 하나도 사랑스럽다

순수한 사랑이 피어 오를 때
정신은 맑고 청정해져
감사의 콧노래가 절로 나온다

그래서
'사랑하는 것은
시를 쓰는 것' 이라고

대들보

역사와 전통이 살아 숨 쉬고 흐르는 북촌한옥마을을
온전히 보존하지 못한 아쉬움과 함께
민족의 자긍심과 지혜,
전통과 함께 애국심을 본다

아궁이의 열을 효율적으로 이용한 과학이었고
용마루 지붕과 처마엔 직선인 듯
곡선의 은은한 아름다움이 있다

희미한 눈으로 북촌의 생생한 모습을 보며
좁은 골목길을 걷다보니 다리는 천근만근이다

마침내 북촌 한옥의 대청마루에 두 다리 뻗고 앉아
천정을 올려다보니 듬직한 대들보와
아기자기한 서까래가 나를 반긴다

민족 수난의 역사 속에서도
얼을 굳건히 지켜낸 힘을 대들보가 대변해 주고
그 힘으로 지붕을 지탱해주고 있는 서까래들
자손만대로 이어지는 다산 번영이 와 닿는다

지붕이 무너지면 하늘이 무너지고
역사와 생명 또한 사라질 터인데
아름드리 튼튼한 대들보를 보며
집안의 가장을 왜 대들보라 하는지
그 깊은 뜻도 되새겨 본다

일제 강점기, 어려움 속에서도 전통 한옥을 지어
독립운동의 큰 응원군이었던 정세권과
조선어학회, 진단학회를 대들보에 새겨 본다

*2025.2.25.일 대지문학회 북촌역사문화탐방에서

이층집

해마다 식구가 늘더니
희소식 물어오는 고마운 까치야
한 나무에 2층으로 집들을 지어 놨구나!

키 큰 은행나무 꼭대기 가느다란 가지
바람에 흔들릴 때마다
아슬아슬 마음 졸이지만
대대손손 많은 무리 함께 어울려 살아가려니
별수 없었던 것이겠지!?

인구는 줄어들고 있는데
35층 45층 집을 팔도천지에
대책도 없이 마구 지어대는 인간들

까치야,
너 보기 참 부끄럽구나!

가을 사랑

높고 푸른 하늘

뜨거운 폭염 힘
겨운 폭풍우 장마 이겨내고
꿋꿋이 결실 맺은 황금 들녘을 바라보며

가지가 휘도록
주렁주렁 열린 빨간 능금을 보며
파란 하늘 춤추는 고추잠자리 떼를 보며

맑고 푸른 한강 물속을 들여다보며
내 가슴은 넉넉해지고 여유로워진다

모든 죽어 가는 것들을
노래로 달래고 사랑할 수 있을 만큼

이렇게 가을은
큰 사랑과 행복을
온 누리에 펼친다

낙엽 밟는 소리

울긋불긋 아름답던 단풍
낙엽 되어 떨어진다

나는 낙엽 쌓인 그 길을
조용히 걷는다

한 발짝 걸으면
아지랑이 속 새싹 움트던
시냇물 소리 들리고

두 발짝 내딛으면
뙤약볕 아래 녹음 우거져
새들의 안식처 되어 주던 한여름
매미들의 합창 들려온다

세 발짝을 띠면
높은 밤하늘 보름달 아래
풍성한 황금 들판 떠오르고
귀뚜리들 합창소리 들려온다

한발 더 나아가니
바싹 마른 낙엽의 애틋한 이별 노래
가슴에 와닿는다
새 생명을 위하여 깊은 겨울잠 속으로 떠난다고

'바사삭'
낙엽 밟는 소리 들으며
소중한 새 생명들 탄생의 봄을
가슴속에 고이 간직한다

*이화주 향기

봄꽃 향기 바람에 실려와
벌 나비 춤추고 내 콧등을 유혹하지만

주막에 둘러앉아
벗들과 함께 나누는
이화주의 옛 향만 하랴!

그윽한 그 향기 속
友情이 넘치고
조상들의 역사 속에
풍류와 전통이 살아 나

*삼목회
시인들의 마음속엔
더 큰 꿈과 상상의 노래가 흐른다

*이화주: 고려시대 명주로 국순당에서 두 번째로 복원한 전통주임.
*삼목회: 대지문학회 시인대학 10기 詩友 모임으로 '시인 삼목회' 모일 때마다 이화주를 시음하고 있음.

닮은꼴

아!
자연을 닮았구나

나도
너처럼
자연을 닮아가며
살고 싶다

가을

높고 푸른 하늘
황금 들녘엔 고추잠자리 춤추고

가지가 부러져라
주렁주렁 열린 빨간 능금
맑고 푸른 한강 물도 제 속을 다 내보인다

먹지 않아도 배부른 농부는
허수아비와 함께 수확하고

저만치서 뒤따라 흘러드는 세월은
또 한 번 월동 채비를 한다

국민을 위하여

붉은 완장 두른 애국자가
크게 외친다
'국민을 위하여!'

파란 자켓 입은 애국지사도
소리 지른다.
'국민을 위하여!'

장똘뱅이들도
질세라 내지른다
'국민을 위하여!'

모두 애국자
그런데
그 국민은 어디에?

속 터지는 국민.

제5부 고장도 없는 세월

항구

눈사람

숙명적인 인생

고장도 없는 세월

봄을 기다리며

첫눈 약속

내 고향

남한강

놀라운 자연

카네이션과 아내

설국열차

송절주

항구

구름 위를 떠가는 배
바다를 헤치고 나가는 배

그 배도
이 배도
목적지는 항구

내 인생의 항구는
어디?

눈사람

봄눈이 겨울인 양 수북이 쌓인다
신이 난 아이들 눈사람 만들기 바쁘고
어느새 우뚝 선 눈사람 둘

얼굴은 심재하인데 수염은 할아버지
옆자리 나란히 솔잎 치마 입은 주하
토닥토닥 두 남매
정겹고 귀엽고
사랑스럽다

꼭 안아주려 다가가는데
목소리 큰 알람 소리에 깜짝 놀라 깨어났다

한동안 우두커니
꿈속을 헤맨다
내년 겨울엔 꼭
손주들과 눈사람 만들자

한 달 지나면 보려나
그리운 손주 녀석들

*제 이름 석 자를 넣은 시를 써달라는 9살 손주 녀석의 요구로 써본 시임.

숙명적인 인생

계절은 섭리대로
봄 여름 가을 겨울 차례대로 돌아오고

내 인생은 강물 위에 꿈처럼 떠 간다
거슬러도 보고 가로질러 애써도 봤지만
종국엔 강물 따라 아래로 흘러간다

서해로 떨어지는 석양을 보라
침묵 속에 황혼을 남기고
조용히 정해진 길을 간다

어차피 갈 길이라면
떠밀리듯 가지 말고
봄날의 순풍처럼 가자

그 위대한 섭리
깨닫고 순응하며 믿고 의지할 때
욕망과 환상으로 어지러운 자화상

평온하고
소망 있는 천국을 향해
달려갈 수 있으리

고장도 없는 세월

강물처럼 흐르던 세월
열차 타고 달려
어느샌가 쏜살인가 싶더니
고장 한번없이 번개처럼 가는구나

너 따라 허둥지둥 오다보니
여기저기 잔고장도 많아

얄미운 세월 고장이나 나서
고물상에다 던져 버리고도 싶지만

세상 고물상 다 뒤져봐도
고장 난 벽시계는 있어도
고장 난 세월은 없다더라

고장 난 인생 세월 탓해본들
고장 없는 세월은 꿈쩍도 않고

곰곰이 씹어보니
이것이 섭리더라

푸르던 잎 단풍 들어 낙엽이 지듯
인생도 고장 아닌 정해진 섭리대로
제 갈 길 가는 것을…

이왕에 가는 길 세월 탓하지 말고
껄껄껄 웃으면서 가자

봄을 기다리며

눈 녹는 소리 들려온다
눈 녹은 물은 졸졸졸 시냇물로 흐른다

버들개지 움트는 소리에
개나리 진달래도 봄 채비를 한다

기다리지 않아도
봄은 남쪽으로부터 서서히 찾아올 텐데,
유독 올해는
새봄의 발걸음이 더디게만 느껴진다

하늘엔 먹구름이 뒤덮여 있고
추위마저 언 가슴을 조여 온다
그리고 가슴엔 응어리가…

욕심 많은 인간이
저질러 놓은 아픔

새봄 오면
善意가 치유하리라

평온한 대자연이 그립다
새들 즐거운 노래,
봄꽃 사랑 가득 안고
어서어서 오라 새봄이여!

첫눈 약속

첫눈 오면 만날 약속

첫눈이 내린다
그 소녀가 손짓한다 어서 오라고
흰 눈 내리는 호숫가로 달려나간다

그 호숫가 모퉁이 세 번째 가로등 아래 섰지만
인적없는 호숫가 그녀는 보이지 않고
찬 바람에 날리는 눈송이만,
적막감 쓸어안고 내려앉는다

기다리다 지쳐 돌아섰는지
그 사연 알 길 없고

사랑의 약속
휘날리는 눈발 함께 사라져

나는 지금도
호숫가 가로등 아래
망부석 되어 서 있다

엇나간 인연 첫눈 약속

내 고향

내 고향 가고 싶다
그리로 돌아가고 싶다
앞 냇가 송사리 잡고 멱감던 동무들 눈에 선하고
지금쯤 뒷산 싸리산엔 온통 참꽃으로 물들었겠지
그 산에 함께 올라 그 꽃 따먹던 동무들
우리 집 앞 골목길에 짚풀 공 만들어
공차기하던 그 악동들 보고 싶다

마을 앞엔 굽이굽이 논들이 펼쳐지고
겨울이면 큰 논에 얼음판 만들어 썰매 타던 그곳
여름 방학이면 남한 강변에 원두막 짓고
아버지와 주낙 하고 참외 깎아 먹던
그때가 그리워라

봄이면 가을이면
신륵사로 손잡고 노래 부르며
논툴길 밭툴길 소풍 가던
그 동무들 그립다

세월 흘러 사람도
인심도 변해 갔지만
내 고향 산천만은 그대로 남아 있기를
간절히 바라는 마음
꿈속에라도 그때 그 시절
내 고향으로 돌아가고 싶다

남한강

어린 시절 동무들과 풍덩풍덩 물장난치고
아버지와 주낙으로 물고기 잡고
한여름 벌 밭에 땀 흘리는 일꾼들
한 모금 샘물 되어 주던,

지금도
타향살이에 향수 뿌리며
고향까지 내어 주는 너

이제, 난 네게 무얼 보낼까
아름다운 한강 줄기 끊임없이 흐른다
쉰목소리로 목메어 부르는 나의 노래나

놀라운 자연

아름다운 세상
드넓은 세상
공도 과도 다툼도 없는 세상
평화가 흐르는 세상
사랑으로 꽉 채워진 세상
온갖 생명이 살아 숨쉬는 세상

경이로운 자연을
작은 가슴으로 품어본다

심장이 뛴다
감동이 뛴다
널리 널리 물결처럼 퍼져 나간다
놀라운 자연

카네이션과 아내

카네이션 한 송이 들고
강가에서 서성인다

하늘나라로 택배 부칠까
잡초 난 땅에 꽂을까

하늘에서 들려오는 음성

네 어미 다음으로
널 사랑한 여인의 가슴에

설국열차

하얗게 눈 덮인 산야
설국열차 달린다

꿈을 싣고 달린다
평화와 사랑 싣고 달린다
그리움마저 가득 싣고 달린다

은혜로운 설국열차에
내 마음도 실어 함께 달린다

이대로 계속 달리면 좋으련만
결국 설국은 사흘을 못 넘기고
잔설만 남긴 채 열차를 멈춰 세웠다

영원한 설국은 언제 오려나

*송절주

청량한 너의 향기
선비들의 예의인가

한 모금 넘어갈 때
목 넘김이 부드러운 건
너의 변함없는 청순함 때문일까

두 모금을 입에 무니
넘어가지 않음은
마디 마디에
일제의 압박과 설움에 진통한 흔적

이제 다시 밝은 햇볕 아래 송솔이 빛나
세 모금은 너의 표현할 수 없는
아픔과 향기를 마시나니

이젠 마음 놓고,
솔향 그윽한 너의 품에 푹 빠져
조상의 얼도 붙잡고 맛과 멋을 즐기리

*송절주: 소나무 마디인 송절로 빚은 조선시대 명주로 일제강점기 없어졌던 것을 2009년 2월 국순당 우리술 복원 프로젝트에 따라 복원한 전통주의 하나임.

에필로그

시를 쓰는 즐거움을 알게 이끌어 주신
대지문학회 시인대학 박종규 교수님과
처음 시인대학으로 안내해주신
최진만 선배님께 감사드립니다.

시쓰기를 멈추지 않고
꾸준히 이어 올 수 있도록
함께 모여 공부하고 서로를 독려해주고,
드디어는 시인대학 10기 '시인 삼목회 공동시선집'을 펴낸 동기 시인님들께도 감사드립니다.

시집에 제목을 이름 지어 붙여주신
절친, 황재순 박사님께도 감사드립니다.

이제
한가지 바람은 시인으로서의
기본자세를 지키며,
시를 쓰는 열정이 식지 않고
꾸준히 앞으로 나갈 것임을 다짐해 봅니다.

감사합니다

**2025년 5월 장미의 계절에
시인 炫범 심 상 필**

조용히 떠나가는 세월

초 판 인 쇄	2025년 05월 23일
초 판 발 행	2025년 05월 30일
지 은 이	심 상 필
발 행 처	다담출판기획　TEL : 02)701-0680
	서울시 영등포구 영신로30길 14, 2층
편 집 인	박 종 규
등 록 일	2021년 9월 17일
등 록 번 호	제2021-000156호
I S B N	979-11-93838-44-0　　03800
가　　　격	14,000원

본 책은 지은이의 지적재산이므로 무단전재와 복제를 금합니다.